AF357425

IPHIGÉNIE,

EN AULIDE.

TRAGÉDIE-OPERA,

EN TROIS ACTES;

REPRÉSENTÉE,

POUR LA PREMIÈRE FOIS,

PAR L'ACADÉMIE-ROYALE

DE MUSIQUE,

Le Mardi 12 Avril 1774.

PRIX XXX. SOLS.

AUX DÉPENS DE L'ACADÉMIE.

A PARIS, Chés DELORMEL, Imprimeur de ladite Académie, rue du Foin, à l'Image Sainte Genevieve.

On trouvera des Exemplaires du Poeme à la Salle de l'Opera.

M. DCC. LXXIV.

AVEC APPROBATION ET PRIVILEGE DU ROI.

(6)

AVERTISSEMENT.

ON sera étonné, sans doute, qu'en transportant à notre théâtre lirique l'un des chef-d'œuvres immortels de Racine, on n'en ait pas emprunté un plus grand nombre de beautés ; &, sur-tout, qu'en conservant quelques-unes des pensées & des images de ce grand Poete, on se soit servi d'autres expressions que les siennes : mais on nous en a fait une loi ; il a fallu s'y soûmettre, ou renoncer à faire connoître en France un genre de musique nouveau, & qu'on n'y avoit point encore entendu.

Au reste, nous n'avons pas cru devoir désigner les vers de ce drame qui appartiennent à Racine. Eh ! y-a-t-il un seul homme de goût qui ne sache par cœur ses divines tragédies ? d'ailleurs, quel écrivain seroit assés présomptueux pour imaginer qu'on pût jamais confondre sa diction avec celle du Virgile français !

Le Poeme est de M. * * *

La Musique est de M. le Chevalier GLUCK.

ACTEURS ET ACTRICES
CHANTANT DANS LES CHŒURS.

CÔTÉ DU ROI.

CÔTÉ DE LA REINE.

Mesdemoiselles.	*Messieurs.*	*Mesdemoiselles.*	*Messieurs.*
Garrus.	Cailteau.	le Bourgeois.	Candeille.
la Guerre.	Héri.	d'Agée.	Vatelin.
de Laurette.	Lagier.	Chenais.	l'Écuyer.
Fontenet.	Van-Hecke.	de l'Or.	Tourcati.
d'Hautrive.	Martin.	des Rosières.	Ghuiot.
Veron.	le Grand.	de Merei.	Capoi.
Renard.	Hallmans.	Denis , l.	Moreau.
Rouxelin.	Boi.	Déjardins.	Méon.
du Fresnoi.	Huet.	Thaunat.	Beghaim.
de Ponjot.	Itasse.		Cleret.
	Parant, c.		Tacusset.
	Jouve.		Baillon.
	Patoulet.		de Lori.
			Fagnan.

ACTEURS.

AGAMEMNON,	M. l'Arrivée.
CLITEMNESTRE, *femme d'Agamemnon*,	Mlle. du Plant.
IPHIGÉNIE, *fille d'Agamemnon*,	Mlle. Arnould.
ACHILLE,	M. le Gros.
PATROCLE,	M. Durand.
CALCHAS, *Grand-Prêtre*,	M. Gélin.
ARCAS, *Capitaine des Gardes d'Agamemnon*,	M. Beauvalet.
UNE GRECQUE,	Mlle. Rosalie.
UNE AUTRE GRECQUE,	Mlle. d'Avantois.
UNE ESCLAVE LESBIENNE,	Mlle. Châteauneuf.

OFFICIERS GRECS.

GUERRIERS & PEUPLES GRECS.

GARDES.

GUERRIERS THESSALIENS.

FEMMES ARGIENNES *de la Suite des Princesses.*

FEMMES AULIDIENNES.

ESCLAVES LESBIENNES.

PRÊTRESSES *de* DIANE.

La Scène est en AULIDE.

PERSONNAGES DANSANTS.

ACTE PREMIER.

GRECS & GRECQUES.

M. Gardel, 1., Mlle. Guimard.

M. Gardel, c., Mlle. Dorival.

Mrs. le Breton, Petit, Aubri, le Roi 1., du Chaisne, Roissi, Liesse, Pladix, des Bordes, Hennequin, c., le Roi, 2., Dussel.

Mlles. Martin, Rosé, Lallin, Felmé, Deschamps, Belletour, le Bel, Lilia, Henriette, Huet, Thevenin, Verteuil.

JEUNESSE GRECQUE.

Mrs. Giroux, Fontaine, Simonin, c., l'Argillière.
Mlles. Perolle, Thiste, du Parc, Fanfan.

ACTE SECOND.

GUERRIERS THESSALIENS.

M. Vestris.

Mrs. des Preaux, Simonin, 1., le Fevre.

Mrs. Rogier, Leger.

Mrs. Trupti, Henri, Huart, Rivet, Hennequin, 1., Caster, le Doux, Guillet, Dossion, Giguet, Dangui, le Roi, 1er.

AULIDIENNES.

Mlle. Heinel.

Mlle. le Clerc.

Mlles. Compain, d'Elfevre.

Mlles. du Mesnil, Thevenet, du Bois, Jonveau, Adrienne, des Gravières, St. Ouin, le Bel, Auberte, Henriette, des Haies, Renard.

ESCLAVES LESBIENNES.

Mlle. P E S L I N.

Mlles. J U L I E, C L É O P H I L E.

Mlles. d'Auvilliers, Thiſte, Lolotte, Perolle, du Mont, du Val.

ACTE TROISIÉME.

G R E C S & G R E C Q U E S.

M. G A R D E L, 1.

Mlle. G U I M A R D.

M^{rs}. le Breton, du Chaiſne, Petit, Aubri, Lieſſe, le Roi, 1.

Mlles. Martin, Roſé, Lallin, Verteuil, Felmé, Deſchamps.

GUERRIERS THESSALIENS.

Mrs. R O G I E R, L E G E R.

M^{rs}. le Doux, Henri, Huart, Rivet, Hennequin, 1., Dangui.

A U L I D I E N N E S.

Mlles. C O M P A I N, d'E L F E V R E.

Mlles. Thevenet, du Bois, du Mesnil, Jonveau, des Gravières, St. Ouin.

E S C L A V E S L E S B I E N N E S.

Mlle. P E S L I N.

Mlles. J U L I E, C L É O P H I L E.

Mlles. d'Auvilliers, Perolle, Lolotte, Thiſte, du Mont, du Val.

IPHIGÉNIE
EN AULIDE,
TRAGÉDIE-OPERA.

ACTE PREMIER.

*(Le théâtre repréſente, dans le fond & d'un côté, le camp des grecs ; &, de l'autre, une des façades du palais d'*AGAMEMNON.*)*

SCÈNE PREMIÈRE.

AGAMEMNON, ſeul.

Diane impitoyable, en vain vous l'ordonnez
Cet affreux ſacrifice ;
En vain vous promettez de nous être propice,

De nous rendre les vents par votre ordre enchaînés;
Non, la Grece outragée,
Des troyens, à ce prix, ne fera pas vengée.
Je renonce aux honneurs qui m'étoient deftinés;
Et, dût-il m'en coûter la vie,
On n'immolera point ma fille Iphigénie.

Diane impitoyable, en vain vous l'ordonnez.

A I R.

Brillant auteur de la lumière,
Verrois-tu, fans pâlir, le plus grand des forfaits?
Dieu bienfaifant, exauce ma prière
Et remplis les vœux que je fais!

Sur la route de Mycène,
Dirige le fidele Arcas;
Que, trompant ma fille & la Reine,
Elles penfent qu'Achille, oubliant tant d'appas,
Songe à former une autre chaîne;
Qu'elles retournent fur leurs pas.

Brillant auteur, &c.

R É C I T A T I F.

Si ma fille arrive en Aulide,
Si fon fatal deftin la conduit dans ces lieux;
Rien ne la peut fauver du tranfport homicide
De Calchas, des grecs & des dieux.

SCÊNE

S C Ê N E I I.

CALCHAS , AGAMEMNON , GRECS.

C H Œ U R des G R E C S.

C'Eſt trop faire de réſiſtance ;
Il faut des dieux irrités
Nous révéler les volontés :
O Calchas, rompez le ſilence.

G É N É R A U X G R E C S.

Parlez : pour calmer leur courroux,
Quel ſacrifice exigent-ils de nous ?

C A L C H A S.

Pourquoi me faire violence ?

C H Œ U R des G R E C S.

C'eſt trop , &c.

C A L C H A S.

Le ciel répond à votre impatience.

R É C I T A T I F.

D'une ſainte terreur tous mes ſens ſont ſaiſis :
Diane, o puiſſante déeſſe !

B

Ton efprit m'agite & me prèffe ;
J'annonce, en frémiffant, l'ordre que tu prefcris.

A I R.

Tu veux que par ma main tremblante
Le fang le plus pur foit verfé...
Quoi ! ton courroux ne peut être appaifé
Que par une offrande fanglante ?
Que de cris, que de pleurs !
O pere déplorable !
O divinité redoutable !
Adoucis tes rigueurs.

AGAMEMNON, CALCHAS.

O divinité redoutable !
Adoucis tes rigueurs.
Grecs, pourrez-vous l'offrir cet affreux facrifice ?

LES GRECS.

Nommez- nous la victime &, s'il faut l'immoler,
Sur l'autel, par nos mains, tout fon fang va coûler.

CHŒUR des GRECS.

O Diane, fois-nous propice,
Conduis - nous au bord Phrygien ;
Que notre fureur s'affouviffe
Dans le fang du dernier troyen !

CALCHAS.

RÉCITATIF.

Soyez contents, allez ; &, ce jour même,
La victime à l'autel remplira vos souhaits.

꧁ ꧁ ꧁ ꧁ ꧁ ꧁ ꧁ ꧁ ꧁ ꧁ ꧁ ꧁ ꧁ ꧁ ꧁ ꧁ ꧁

SCÈNE III.

AGAMEMNON, CALCHAS.

CALCHAS.

Vous voyez leur fureur extrême,
Et vous savez des dieux la volonté suprême.

AGAMEMNON.

Ah ! ne me parlez plus de ces dieux que je haïs.

CALCHAS.

Téméraire ! arrêtez ; redoutez leur vengeance :
Par une prompte obéissance,
Vous en pouvez encor prévenir les effèts :
Soûmettez-vous, sans résistance,
À leurs inflexibles décrèts.

AGAMEMNON.

AIR.

Peuvent-ils ordonner qu'un pere

De fa main préfente à l'autel
Et pare du bandeau mortel
Le front d'une victime & fi tendre & fi chere ?
Je n'obéirai point à cet ordre inhumain :
J'entends retentir dans mon fein
Le cri plaintif de la nature ;
Elle parle à mon cœur, & fa voix eft plus sûre
Que les oracles du deftin.
Je n'obéirai point à cet ordre inhumain.

CALCHAS.

RÉCITATIF.

Vous ôferiez être parjure ?..
Le ciel a reçu vos ferments.

AGAMEMNON.

Je connois mes engagements.
Sur ces bords malheureux, fi ma fille appellée,
Obéit, je confens qu'elle foit immolée.

CALCHAS.

On croit tromper les dieux avec de vains détours;
Mais jufqu'au fond des cœurs leur œil perçant fait lire.
S'il faut qu'Iphigénie expire,
Vous tentez vainement de conferver fes jours;
Malgré vous, à l'autel ils fauront la conduire. ..
Ils y traînent déjà fes pas.

CHŒUR de G*RECS* *, qui traverſent le théâtre.*

Clitemneſtre & ſa fille , o dieux ! que d'allegreſſe :
Courons admirer tant d'appas.

AGAMEMNON.

Ma fille, je frémis ... o douleur ! o tendreſſe !

SCÊNE IV.

AGAMEMNON, CALCHAS.

CALCHAS.

AIR.

AU faîte des grandeurs, mortels impérieux,
   Voyez quelle eſt votre foibleſſe :
Rois , ſous qui tout fléchit , fléchiſſez ſous les dieux.

AGAMEMNON.

Dieux cruels ! vous voulez opprimer l'innocence.
   Accâblé ſous votre puiſſance,
Je ne puis réſiſter à votre volonté.

(*On entend derriere le théâtre une ſimphonie.*)

AGAMEMNON.

Qu'entends-je , juſte ciel ?

CALCHAS.

La victime s'avance.

AGAMEMNON.

Ah ! Calchas, que son nom soit encore un mistere.
Dieux ! que de pleurs va répandre une mere !

SCÊNE V.

CLITEMNESTRE , IPHIGÉNIE , Grecs &
Grecques *de leur suite* , Aulidiens ,
Aulidiennes,

(*Clitemnestre & Iphigénie arrivent sur le
théâtre , montées sur un char antique , accompa-
gnées des femmes de leur suite. Ce char est suivi
& précédé d'une garde magnifiquement vétue. Un
peuple immense entoure & suit en dansant & en
chantant.*)

Le *Chœur.*

Que d'attraits, que de majesté !
Que de grâces, que de beauté !
Qu'aux auteurs de ses jours elle doit être chere !
Agamemnon est à la fois
Le plus fortuné pere,
Le plus heureux époux & le plus grand des rois.

*CLITEMNESTRE , après avoir descendu du char ,
& en approchant sur le devant du théâtre.*

A I R.

Que j'aime à voir ces hommages flatteurs ,
   Qu'ici l'on s'emprèsse à vous rendre !
    Pour une mere tendre ,
   Que ce spectacle a de douceurs.

R É C I T A T I F.

Demeurez dans ces lieux , ma fille ; & , sans partage ,
Recevez les honneurs qui nous sont adressés.
Je vais voir si le Roi de nos vœux empressés
   Consent à recevoir l'hommage.

(*CLITEMNESTRE sort suivie d'une partie de la garde.*)

(*Divertissement.*)

Une GRECQUE *, alternativement avec le* CHŒUR.

L E C H Œ U R.

Non , jamais aux regards du perfide Pâris ,
   Les trois rivales immortelles
Qui , sur le mont Ida , disputèrent le prix ,
N'offrirent tant d'appas, ne parurent si belles.

U N E G R E C Q U E.

A la suprême majesté

De la jalouſe déité,
Qui règne ſur les airs, que l'Olimpe révère ;

UNE AUTRE.

A la redoutable fierté
De la déèſſe de la guerre ;

UNE TROISIÈME.

Au ſourire enchanteur de la tendre Vénus ;

LES TROIS ENSEMBLE.

Elle unit toutes les vertus
De la fille du dieu qui lance le tonnerre.

LE CHŒUR.

Non, jamais aux regards, &c.

UNE GRECQUE.

Qui pourra jamais ſe flatter
D'obtenir de l'himen cette Thétis nouvelle?
S'il étoit un mortel qui pût là mériter,
Achille ſeul paroîtroit digne d'elle.

Non, jamais aux regards du perfide Pâris, &c.

IPHIGÉNIE.

Les vœux dont ce peuple m'honore,
Peuvent-ils flatter mes ſouhaits ?
Achille

Achille à mes yeux inquièts
Ne s'offre point encore.

(Suite du divertissement.)

✿✿✿✿✿✿✿✿✿✿✿✿✿✿✿✿✿✿✿✿✿✿✿✿

SCÊNE VI.

IPHIGÉNIE, CLITEMNESTRE, PEUPLE.

CLITEMNESTRE.

(*au Peuple.*)   (*à* IPHIGÉNIE.)

ALlez... Il faut sauver notre gloire offensée,
Ma fille, il faut partir à l'instant de ces lieux.

IPHIGÉNIE.

Partir sans voir Achille! o dieux!
Lui de qui l'ardeur empressée...

CLITEMNESTRE.

Achille désormais doit vous être odieux:
Indigne de l'honneur promis à sa tendresse,
Dans de nouveaux liens ses vœux sont retenus.

IPHIGÉNIE.

Qu'entends-je!

CLITEMNESTRE.

Agamemnon, redoutant que la Grece

C

Ne vous vît expôſée à l'affront d'un refus,
Vous ordonnoit de fuir loin de l'Aulide,
Et d'aller, dans Argos, oublier le perfide.
Arcas nous apportoit ces ordres abſolus;
Mais nos pas égarés trompant ſa diligence,
Il ne vient que dans ce moment,
De s'acquitter des ſoins commis à ſa prudence,
Et de me confirmer ce fatal changement.

IPHIGÉNIE.

Hélas!

CLITEMNESTRE.

AIR.

Armez-vous d'un noble courage;
Étouffez des ſoûpirs, trop indignes de vous;
N'écoutez qu'un juſte courroux,
Contre un amant qui vous outrage.

Que votre pere & les dieux irrités,
Ces dieux jaloux dont vous ſortez,
S'arment, pour le punir, de toute leur puiſſance;
Et que le cri de la vengeance
Retentiſſe de tous côtés.

Armez-vous, &c.

SCÈNE VII.

IPHIGÉNIE, *seule.*

L'Ai-je bien entendu, grands dieux! le puis-je croire,
   Qu'oubliant ſes engagements,
   Achille, au mépris de ſa gloire,
Au mépris de l'amour, trahiſſe ſes ſerments !

A I R.

   Hélas ! mon cœur ſenſible & tendre,
De ce jeune héros s'étoit laiſſé charmer !
La gloire & le devoir m'ordonnoient de l'aimer,
Et, d'accord avec eux, l'Amour vint me ſurprendre.

   Parjure ! tu m'ôſes trahir ;
   Un autre objet a ſu te plaire :
   Je te dois toute ma colere ;
Je forcerai mon cœur à te haïr.

   Que ſa tendreſſe avoit pour moi de charmes!
   Qu'il eſt cruel d'y renoncer !
De mes yeux, malgré moi, je ſens coûler des larmes ;
Eſt-ce pour un ingrat qu'ils en devroient verſer ?

   Un autre objet a ſu te plaire :
   Parjure ! tu m'ôſes trahir ;

C ij

Je te dois toute ma colere,
Je forcerai mon cœur à te haïr.

SCÊNE VIII.

IPHIGÉNIE, ACHILLE.

ACHILLE.

EN croirai-je mes yeux ? o ciel ! vous en Aulide,
Princeffe ?

IPHIGÉNIE.

Quel que foit le deffein qui me guide ;
Ma gloire ne pourra du moins me reprocher
Que c'eft Achille ici que mon cœur vient chercher.

ACHILLE.

Qu'entends-je ? quel difcours ! eft ce à moi qu'il
s'adreffe ?

IPHIGENIE.

De votre nouvelle tendreffe,
Suivez, fuivez les mouvements ;
Votre infidélité n'aura rien qui me bleffe ;
Et vous pouvez former d'autres engagements.

A C H I L L E.

D I A L O G U E.

D'autres engagements ! . . De cette perfidie
Qui m'ôse accufer ?

I P H I G É N I E.

Moi ... que vous avez trahie.

A C H I L L E.

Achille vous trahir !

I P H I G É N I E.

Malgré tant de ferments...

A C H I L L E.

Ceffer d'aimer Iphigénie ! ..

I P H I G É N I E.

Rompre la chaîne qui nous lie !

A C H I L L E.

Moi, brifer des nœuds fi charmants !

I P H I G É N I E.

Oui, vous brûlez que je ne fois partie...

RÉCITATIF.

Raffûrez-vous ; bientôt, au gré de votre envie,
Mon départ pour Argos, que prèffent vos defirs,
Va laiffer un champ libre à vos nouveaux foûpirs.

ACHILLE.

Ah ! c'en eft trop ; d'un vain caprice
Achille peut, de vos charmes épris,
Sans murmurer, fupporter l'injuftice ;
Mais fon cœur n'eft point fait pour fouffrir des mépris.

IPHIGÉNIE.

AIR.

Iphigénie, hélas ! vous a trop fait connoître,
Pour fa gloire & pour fon bonheur,
Que l'eftime & l'amour, peut-être,
Lui parloient en votre faveur.

ACHILLE.

RÉCITATIF.

S'il étoit vrai, votre amour & ma gloire
Vous auroient-ils permis ces foupçons odieux ?
Achille vous trahir ! grands dieux !
Ah ! pour vous pardonner d'avoir ôfé le croire,
Il faut tout l'excès de mes feux.

A i r.

Cruelle, non, jamais votre infenfible cœur
　Ne fut touché de mon amour extrême :
　Si vous m'aimiez autant que je vous aime,
Vous ne douteriez pas de ma fidele ardeur.

Vous pouvez affliger un cœur qui vous adore,
　　Par des foupçons injurïeux ;
　　Et lui faire un tourment affreux,
　　Du feu conftant qui le dévore ?

Cruelle, non, jamais &c....

IPHIGÉNIE.

RÉCITATIF.

Mon trouble, mes foupçons, mon dépit, ma douleur,
　　Tout vous a prouvé ma foibleffe :
Il vous eft bien aifé de tromper ma tendreffe ;
A vous croire mon cœur n'eft que trop empreffé.

ACHILLE.

D u o.

　Ne doutez jamais de ma flâme ;
De ce doute cruel mon amour eft bleffé.

IPHIGÉNIE.

Vous le banniffez de mon âme ;

Je fens que, pour jamais, il en eft effacé.

ACHILLE.

Iphigénie, o ciel ! m'a pu croire infidele !
Par d'odïeux foupçons elle a pu m'outrager !

IPHIGÉNIE.

Ne me reprochez point une erreur trop cruelle :
Les maux que j'ai foufferts ont bien fu vous venger.

ENSEMBLE.

Que votre amour }
Que cet aveu } pour mon cœur a de charmes !

Himen, viens calmer nos allarmes ;
Par des liens charmants viens unir, en ce jour,
Deux cœurs formés pour toi par les mains de l'Amour.

FIN DU PREMIER ACTE.

ACTE

ACTE SECOND.

SCÊNE PREMIÉRE.

IPHIGÉNIE, FEMMES *de ſa ſuite.*

LE *CHŒUR des FEMMES de ſa ſuite.*

R Aſſûrez-vous, belle princeſſe ;
Achille ſera votre époux :
Agamemnon, pour vous plein de tendreſſe,
Sait trop que ce héros eſt le ſeul de la Grece,
Qui ſoit digne de vous.

IPHIGÉNIE.

RÉCITATIF.

Vous eſſayez en vain de bannir mes allarmes ;
Achille eſt inſtruit que le Roi

D

Le soupçonnoit de méprifer mes charmes
Et de trahir fa foi. :
Sa gloire offenfée en murmure ;
Ce foupçon lui paroît une mortelle injure ;
Et j'ai lu dans fes yeux tout fon reffentiment.
Vous connoiffez la fierté de mon pere :
Ils font enfemble en ce moment.

UNE FEMME de la fuite.

L'indomptable lion, ardent, plein de colere,
Par les traits de l'Amour aifément terraffé ,
Soûmis , en foûpirant, courbe fa tête altière
Et careffe la main du dieu qui l'a bleffé.

(*On répete* LE CHŒUR.)

IPHIGÉNIE.

RÉCITATIF.

Vous effayez en vain de bannir mes alarmes ;
L'amour n'a que de foibles armes,
Quand l'honneur parle au héros offenfé.

A I R.

Par la crainte & par l'efperance ,
Ah ! que mon cœur eft tourmenté.
Rien n'égale la violence
Des mouvements confus dont il eft agité.

Amour, j'implore ta puissance :
Fléchis d'Agamemnon l'indomptable fierté,
Appaise le courroux d'un amant irrité,
Et rétablis entre eux l'heureuse intelligence
D'où dépend ma félicité.

Par la crainte, *&c...*

SCÊNE II.

CLITEMNESTRE , IPHIGÉNIE , Femmes
de la suite.

CLITEMNESTRE.

RÉCITATIF.

MA fille , votre himen s'apprête,
Le Roi lui-même, au temple, en ordonne la fête :
Quel triomple pour vous , quelle gloire pour moi !
Aux yeux de tous les grecs, le fils d'une déèsse
Va me nommer sa mere & vous donner sa foi.

IPHIGÉNIE.

Ah, grands dieux! je renaîs.

CLITEMNESTRE.

     Tout plein de sa tendresse,
Achille vient.

D ij

SCÊNE III.

CLITEMNESTRE , IPHIGÉNIE , ACHILLE, PATROCLE, Femmes *de la suite d'*Iphigénie, Thessaliens *&* Thessaliennes.

ACHILLE.

RÉCITATIF.

Les auteurs de vos jours
Confentent que l'himen m'uniffe à ce que j'aime ;
De ma félicité fuprême ,
Princeffe , rien ne peut interrompre le cours.

(*Les Theffaliens entrent en ordre militaire; ils font
fuivis d'efclaves portant les dépouilles de Lesbos ,
enlevées par* ACHILLE.)

ACHILLE , *préfentant* PATROCLE *à* IPHIGÉNIE.

Rival de ma valeur , compagnon de ma gloire ;
Sûr , avec lui , de la victoire ,
De tous les biens que j'ai reçus des cieux
Patrocle eft , après vous , le plus cher à mes yeux :
De fes rameaux facrés l'amitié nous couronne ;
Heureux par fon bonheur , le mien comble fes vœux ;
C'eft un ami que je vous donne ;
Je ne faurois vous faire un don plus précieux.

(*Se tournant vers les thessaliens.*)

Chantez , célébrez votre reine :
L'himen, qui sous ses loix m'enchaîne,
Va vous rendre à-jamais heureux.

L E   *C H Œ U R.*

Chantons, célebrons notre reine ;
L'himen, qui sous ses loix l'enchaîne,
.Va nous rendre à-jamais heureux.

(*Divertissement.*)

L E   *C H Œ U R.*

La Grece à-peine assembloit son armée ,
Que les grecs outragés
Sur Lesbos enflâmée
Par l'invincible Achille étoient déjà vengés.

P A T R O C L E.

Hector & les troyens, par la honte pressés,
En vain s'oppôseront à sa valeur altière ;
Sous les murs d'Ilion, atteints & renversés,
Hector & les troyens vont mordre la poussière.

La Grece à-peine, &c.

(*Suite du divertissement.*)

UNE *THESSALIENNE.*

Son front eſt couronné des mains de la victoire,
Et l'Himen & l'Amour le parent tour-à-tour :
Ah , qu'il eſt doux d'unir au laurier de la gloire ,
Les mirtes de l'Amour !

La Grece à-peine , *&c.*

(Suite du divertiſſement.)

ESCLAVES LESBIENNES.

Les filles de Leſbos viennent vous faire entendre,
Par l'ordre du vainqueur, leurs ſuppliantes voix.

UNE *ESCLAVE.*

Il combattoit pour vous, & ſes premiers exploits
Ont réduit ma patrie en cendres ;

LES *ESCLAVES.*

En daignant nous donner des loix ,
Vous tarirez les pleurs qu'il nous a fait répandre.

IPHIGÉNIE.

J'ai cauſé vos malheurs ; je dois , par mes bienfaits ,
Vous conſoler de vos pertes cruelles ,
Et vous faire oublier les maux qu'on vous a faits.
Venez , & vous ſerez mes compagnes fideles.

(Suite du divertiſſement.)

QUATUOR.

ACHILLE, CLITEMNESTRE, IPHIGÉNIE,
PATROCLE.

Jamais à tes autels le plus faint des ferments,
　　Favorable Himenée,
　　N'enchaîna la deftinée
De plus heureux époux, de plus tendres amants.

SCÊNE IV.

Les ACTEURS *de la Scêne précédente ;* ARCAS,
qui est entré vers la fin du divertissement.

ACHILLE.

PRincesse, pardonnez à mon impatience.
Agamemnon nous attend à l'autel :
Venez combler les vœux du plus heureux mortel.

ARCAS, *se jettant au-devant.*

Je ne puis plus garder un coupable silence.
Infortunés amants, où courez-vous? o ciel!
Non, non, vous n'irez pas à cet autel funeste.

ACHILLE.

Que dites-vous, Arcas?

CLITEMNESTRE.

Vous me faites trembler.

ARCAS.

Votre époux, instrument de la fureur céleste,
Attend sa fille au temple, & c'est pour l'immoler.

CLITEMNESTRE.

CLITEMNESTRE.

Lui, mon époux!

IPHIGÉNIE, ACHILLE.

{ Mon pere!
{ Son pere!

CLITEMNESTRE.

O défefpoir! o crime!

TOUS, avec le CHŒUR.

Fut-il jamais conçu de projet plus affreux?

ARCAS.

Oui, c'eft Iphigénie, oui, voilà la victime
Que demandent les dieux.

LES THESSALIENS, s'avançant en tumulte.

Nous ne fouffrirons point ce facrifice impie:
C'eft notre reine, Achille eft fon époux;
Et nous périrons tous,
Pour conferver les jours d'Iphigénie.

CLITEMNESTRE, tombant aux genoux d'ACHILLE.

Seigneur, j'embraffe vos genoux!
Ayez pitié de cette infortunée:

E

Sur ces bords malheureux je l'avois amenée
Dans l'efpoir de l'unir à vous.

A I R.

Par un pere cruel à la mort condamnée,
Et par les dieux abandonnée ;
Elle n'a que vous feul ; vous êtes dans ces lieux
Son pere, fon époux, fon afile & fes dieux.

Vous remplirez mon efperance,
Vous défendrez des jours fi précieux ;
Le courroux éclatant qui paroît dans vos yeux
M'en donne l'affûrance.

Par un pere cruel, *&c.*

A C H I L L E.

Reine, raffûrez-vous, & n'appréhendez pas
Que fon pere & les grecs l'arrachent de vos bras :
Rentrez, je vais ici l'attendre.

I P H I G É N I E.

Je ne vous quitte pas ; feigneur, daignez m'entendre.

A C H I L L E.

Le cruel, fous mon nom, vous donnoit le trépas ?
A ma jufte fureur rien ne peut le fouftraire.

IPHIGÉNIE

Seigneur, au nom des dieux, fongez qu'il eft mon pere.

ACHILLE.

Votre pere, cet inhumain !

IPHIGÉNIE.

C'eft mon pere, feigneur ; c'eft un pere que j'aime.

CLITEMNESTRE.

Son pere ! & le cruel veut lui percer le fein !

IPHIGÉNIE.

Un pere infortuné, qui me chérit lui-même.

ACHILLE.

Je ne vois plus en lui qu'un perfide affaffin.

CLITEMNESTRE.

Ciel, foûtiens mon courage ;
Je n'efpere qu'en toi !

IPHIGÉNIE.

Ciel, détourne l'orage,
Diffipe mon effroi !

ACHILLE.

Ciel, dévoue à ma rage
Un inhumain sans foi !

ENSEMBLE.

O ciel ! exauce-moi !

SCÊNE V.

ACHILLE, PATROCLE.

ACHILLE.

SUis-moi, Patrocle.

PATROCLE.

Et que voulez-vous faire ?
Voulez-vous, n'écoutant qu'un aveugle transport,
Aussi cruel que les dieux & son pere,
Vous-même lui donner la mort ?

ACHILLE.

Qui, moi?..

AIR.

Cours, & dis-lui qu'elle n'a rien à craindre ;
Qu'outragé, furieux, mais vaincu par l'amour,
Quelque soit mon courroux, je saurai me contraindre,
Et respecter celui qui lui donna le jour.

SCÊNE VI.

AGAMEMNON , ACHILLE , ARCAS,
GARDES.

ACHILLE.

JE le vois. Ciel ! retiens la fureur qu'il m'inspire.
Arrêtez !

AGAMEMNON , à part.

C'est Achille. Auroit-on pu l'instruire ?

ACHILLE.

Je fais vos barbares projèts ;
Je fais , qu'inhumain & parjure ,
Vous vouliez,fous mon nom,confommer des forfaits
Dont frémit la nature :
J'en faurai ,malgré vous , prévenir les effèts.
Mais ,vous , qui m'avez fait la plus fenfible injure .
Rendez grâce à l'amour, fi mon bras furieux
N'a pas encor vengé...

AGAMEMNON.

Jeune préfomptueux ,
Vous, dont l'audace & m'indigne & me bleffe,
Oubliez-vous qu'ici je commande à la Grece ;

Que je ne dois qu'aux dieux compte de mes desseins ;
Et que vingt rois, soûmis à mon pouvoir suprême,
Doivent, sans murmurer, que vous devez vous-même,
Attendre, avec respect, mes ordres souverains ?

ACHILLE.

Dieux ! faudra-t-il souffrir ce superbe langage ?
Votre fille est à moi ; mes droits sont vos sermens ;
   De mon bonheur votre aveu fut le gage ;
     Vous tiendrez vos engagemens.

AGAMEMNON.

   Cessez un discours qui m'offense.
Quelque sort aujourd'hui qui lui soit destiné,
     C'est à vous d'attendre en silence
Ce qu'un pere & les dieux en auront ordonné.

ACHILLE.

Est-ce à moi que l'on parle, & pourroit-on le croire ?
Pensez-vous, qu'insensible à la gloire, à l'amour,
Je vous laisse immoler votre fille en ce jour,
   Et des horreurs consommer la plus noire ?

AGAMEMNON.

Pensez-vous, qu'oubliant & mon rang & ma gloire,
Je souffre plus longtems vos superbes discours ?

D U O.

De votre audace téméraire,
　J'arrêterai le cours.

A C H I L L E.

De votre fureur fanguinaire
　Je fauverai fes jours.

A G A M E M N O N.

Audacieux!

A C H I L L E.

Barbare pere!

E N S E M B L E.

Tremblez, redoutez ma colere;
Craignez l'effet de mon reffentiment!

A G A M E M N O N.

Je vous ferai connoître,

A C H I L L E.

Vous apprendrez, peut-être,

A G A M E M N O N.

Si l'on me brave impunément.

A C H I L L E.

Si l'on m'offenfe impunément.

E N S E M B L E.

ENSEMBLE.

Tremblez, redoutez ma colere ;
Craignez l'effet de mon reſſentiment !

A C H I L L E.

Je n'ai plus qu'un mot à vous dire ;
Et, ſi vous m'entendez, ce ſeul mot doit ſuffire.
Avant que votre fureur
Immole ce que j'aime,
Il faut que votre rage extrême
S'apprête à me percer le cœur.

SCÊNE VII.

AGAMEMNON, ARCAS, GARDES.

AGAMEMNON.

TU décides son sort :
Ton insolente audace
Hâte le coup qui la menace ;
Elle va recevoir la mort.
A moi, soldats... ... Odieux ! que vais-je faire ?
C'est ta fille, cruel, que tu leur vas livrer ;
Ta fille, si long-tems à ton amour si chere ;
Tout mon cœur se sent déchirer :
Non, qu'elle vive.... Ah ! quelle est ma foiblesse ?
Pour conserver ses jours, que les dieux ont proscrits,
Faut-il sacrifier l'intérêt de la Grece ?
Faut-il d'Achille endurer les mépris ?
Non, que plutôt cent fois à l'autel entraînée,
Ma fille par sa mort.... ma fille ! je frémis !
Iphigénie, o ciel ! de festons couronnée,
A l'homicide acier présentera son sein !
Je verrai tout son sang coûler ?.. Pere inhumain !
N'entends-tu pas déjà les cris des Euménides ?
L'air retentit des affreux sifflements

De leurs serpens homicides :
Vengeresses des parricides,
Elles commencent tes tourments.
Barbares , arrêtez ! les dieux ont fait mon crime,
Ils ont conduit ma main, ils ont porré les coups ;
Eux seuls immolent la victime.
Quoi, rien ne peut fléchir votre courroux,
Cruelles ?... mais envain votre fureur s'irrite,
Le remords dévorant, qui me presse & m'agite,
Pour déchirer mon cœur est plus puissant que vous.

Avec ma garde, Arcas, accompagnez la Reine ;
Qu'elle prenne , à l'instant, le chemin de Micène ;
Qu'avec ma fille , abandonnant ces lieux ,
Elle la cache à tous les yeux.
Allez.

(*Arcas & les Gardes sortent.*)

A I R.

O toi , l'objet le plus aimable ,
Que tant de vertus font chérir ,
Pardonne à ton pere coupable ,
En faveur de son repentir.

Hélas ! c'est toi qui la première
D'un nom si doux sut m'appeller ;
Et déja ma main sanguinaire
Se préparoit à t'immoler !

Non, que plutôt des dieux l'implacable colere
A tes yeux me puisse accâbler.

O toi, l'objet, *&c.*

Et toi, Déèsse impitoyable,
Perces mon cœur, au lieu du sien ;
Satisfais ta rage implacable :
Tu veux du sang, répands le mien !

FIN DU SECOND ACTE.

ACTE TROISIÉME.

Le théâtre repréfente l'intérieur d'une tente magnifique, dont l'ouverture entr'ouverte laîffe voir une foule de peuple en tumulte.

SCÊNE PREMIÈRE.

IPHIGÉNIE, FEMMES *de fa fuite*, ARCAS, GARDES, GRECS, *derrière le théâtre & à la porte de la tente.*

CHŒUR *des* GRECS.

Non, non, nous ne fouffrirons pas
Qu'on enleve aux dieux leur victime :
Ils ont ordonné fon trépas,
Notre fureur eft légitime.

IPHIGÉNIE, *entrant éperdue, au milieu de ses femmes & des gardes.*

Pourquoi vous oppôfer, Arcas,
A la fureur qui les anime?

A R C A S, *aux FEMMES.*

Dans ces lieux retenez fes pas ;
Tandis qu'à mon devoir fidele,
Mon bras va repouffer cette troupe cruelle.

SCÉNE II.

IPHIGÉNIE, FEMMES *de fa fuite.*

IPHIGÉNIE, *à ARCAS qui fort.*

NE tentez point des efforts impuiffants ;

(*Aux FEMMES.*

Volez au fecours de ma mere,
Éloignez fes regards de mes derniers inftants,
Et laiffez-moi des dieux affouvir la colere.
Mourons, obéiffons. . . . .

SCÊNE III.

IPHIGÉNIE, ACHILLE.

A C H I L L E.

PRincesse, suivés-moi;
Ne craignés ni les cris, ni la rage inutile
D'un peuple, à mon aspect saisi d'un juste effroi :
Marchés en sureté sous la garde d'Achille;
    Venés...

I P I H G É N I E.

    Hélas! o devoir rigoureux.

A C H I L L E.

Venés, ne perdons point des instans précieux.

I P H I G É N I E.

Vous vous armés envain pour une infortunée,
Seigneur, dont le trépas...

A C H I L L E.

    Quel étrange discours!..
Songez-vous que ma destinée,
Ma vie & mon bonheur dépendent de vos jours.

IPHIGÉNIE.

Ils m'étoient chers, je ne puis m'en défendre,
Ces jours, contre lesquels les dieux sont conjurés;
Ils vous appartenoient, & l'amour le plus tendre
Vous les avoit à-jamais consacrés.

A I R.

Il faut de mon destin subir la loi suprême :
Jusqu'au tombeau je braverai ses coups;
Oui, sous le fer de Calchas même,
Je vous dirai que je vous aime,
Et mon dernier soûpir ne sera que pour vous.

A C H I L L E.

Et vous m'aimez ! puis-je le croire encore?
Vous savez que je vous adore,
Ingrate, & vous voulez mourir!

I P H I G É N I E.

Partez, seigneur, la gloire vous appelle ;
Elle offre à vos regards la carrière immortelle,
Où vous devez courir :
Ma mort seule peut vous l'ouvrir.

A C H I L L E.

Cette gloire à mes yeux si belle,
Vous voulez donc, cruelle,
Me la faire haïr!

IPHIGÉNIE.

IPHIGÉNIE.

A i r.

Adieu : confervez dans votre âme
Le foûvenir de notre ardeur ;
Et qu'une fi parfaite flâme,
Vive à-jamais dans votre cœur.

N'oubliez pas qŭ'Iphigénie,
Digne d'un moins funefte fort ,
Pour vous feul chériffoit la vie,
Et vous aima jufqu'à la mort.

Adieu, confervez, &c.

A C H I L L E.

Sans vous Achille pourroit vivre ?
Non , non , j'en attefte les dieux !
Je dois vous arracher, malgré vous, de ces lieux :
Venez, princeffe ; il faut me fuivre.

I P H I G É N I E.

Arrêtez ! . . Quel eft votre efpoir ?
Avez-vous cru qu'Iphigénie
Pût oublier fa gloire & fon devoir !
Ils lui font plus chers que la vie.
Ah ! plutôt que de les trahir,
Plutôt que d'être aux dieux, à mon pere rebelle,

G

J'accepterai la mort la plus cruelle ;
Et de mes propres mains je saurai m'affranchir
Du criminel secours que vous ôsez m'offrir.

A C H I L L E.

Hé bien , obéiſſez , barbare ;
Courez chercher le plus affreux trépas ,
A ce temple odïeux je marche ſur vos pas ;
J'y préviendrai le coup qu'on vous prépare.

A I R.

Calchas , d'un trait mortel percé ,
Sera ma première victime ;
L'autel , préparé pour le crime ,
Par ma main ſera renverſé.

Et ſi , dans ce déſordre extrême ,
Votre pere , offert à mes coups ,
Frappé , tombe & périt lui-même ,
De ſa mort n'accuſez que vous.

SCÈNE IV.

IPHIGÉNIE, FEMMES *de sa suite.*

IPHIGÉNIE.

CRuel !... il fuit... O ciel ! satisfais ton courroux,
Et préviens, par ma mort, le carnage & le crime.

SCÈNE V.

IPHIGÉNIE , CLITEMNESTRE , FEMMES,
GRECS *derrière le théâtre.*

CHŒUR des GRECS.

NOn, non, nous ne souffrirons pas
Qu'on enlève aux dieux leur victime ;
Notre fureur est légitime,
Ils ont ordonné son trépas.

CLITEMNESTRE.

Osez mettre le comble à votre rage impie ,
Barbares ! venez donc m'immoler dans ses bras.

            (*Elle se jette dans ses bras.*)
O ma fille !

G ij

IPHIGÉNIE.

O ma mere !

CLITEMNESTRE.

O mon Iphigénie…
Jufqu'au dernier foûpir je défendrai tes jours.

IPHIGÉNIE.

Rien n'en peut prolonger le cours :
Les dieux les ont marqués du fceau de leur colere ;
Fuyez, laiffez aux grecs fervir leur cruauté.
Ah ! fi jamais je vous fus chere,
Partez, & n'allez point dans un camp révolté,
Pour m'arracher des mains d'un peuple fanguinaire,
Expôfer votre rang & votre dignité.

CLITEMNESTRE.

Eh ! qu'importe ma gloire & mon rang & ma vie ?
Non, fi ma fille m'eft ravie,
Non, je ne veux plus voir la lumière des cieux.

IPHIGÉNIE.

A I R.

Vivez, pour Orefte, mon frere ;
Sur cet objet fi cher réuniffez vos vœux :
Puiffe-t-il être plus heureux,

Puisse-t il être, hélas ! moins funeste à sa mere !
Du sort qui me pourfuit n'accusez point mon pere.

CLITEMNESTRE.

Qui … lui, par qui ton cœur à Calchas préfenté…

IPHIGÉNIE.

Pour conferver mes jours, que n'a-t-il point tenté ?
Mais au courroux des dieux qui pourroit me fouftraire?

LE CHŒUR.

Non, non, nous ne fouffrirons pas
Qu'on enlève aux dieux leur victime :
Ils ont ordonné fon trépas ;
Notre fureur eft légitime.

IPHIGÉNIE.

Vous entendez les cris d'un peuple furïeux,
Ma mere, rappellez ce fublime courage,
Appanage du fang que vous tenez des cieux ;
Il eft temps d'obéir aux dieux :
Ah ! faifons les rougir du-moins de leur ouvrage.
Recevez mes derniers adieux.

CLITEMNESTRE.

Cruelle, tu veux donc que j'expire à tes yeux?..
Moi, je confentirois.…& du courroux célefte.…

Ta mere... o ciel !

(*Elle tombe dans les bras des femmes.*)

IPHIGÉNIE, aux *FEMMES*.

Hélas ! ... prenez foin de fes jours,
Et détournez fes pas de l'autel où je cours.

SCÈNE III.

CLITEMNESTRE courant après IPHIGÉNIE.

Dieux puissants que j'atteste,
Non , je ne souffrirai pas . . . .

(*Aux FEMMES qui lui barrent le pâssage.*)

Vous ôsez retenir mes pas !
Perfides , privez-moi du jour que je déteste ;
Dans ce sein maternel enfoncez le couteau ;
Et qu'au pié de l'autel funeste ,
Je trouve du-moins mon tombeau.
Ah ! je succombe à ma douleur mortelle. . . .
Ma fille . . . je la vois . . . sous le fer inhumain . . .
Que son barbare pere aiguisa de sa main ;
Un prêtre , environné d'une foule cruelle ,
Ôse porter sur elle une main criminelle ;
Il déchire son sein . . . & d'un œil curieux ,
Dans son cœur... palpitant...il consulte les dieux.
Arrêtez, monstre sanguinaire !
Tremblez, c'est le pur sang du souverain des cieux,
Dont vous ôsez rougir la terre.
Tremblez ! c'est le pur sang du souverain des cieux !

A I R.

Jupiter, lance la foudre !
Que fous tes coups écrâfés,
Les grecs foient réduits en poudre,
Dans leurs vaiffeaux embrâfés.

Et toi, foleil, & toi, qui, dans cette contrée,
Reconnois l'héritier & le vrai fils d'Atrée,
Toi, qui n'ôfas du pere éclairer le feftin,
Recule, ils t'ont appris ce funefte chemin.

Jupiter, *&c.*

(*On entend une fimphonie dans l'éloignement.*)

C L I T E M N E S T R E.

Quels triftes chants fe font entendre...
O dieux ! on va trancher fes jours.
En vain vous m'oppofez une pitié cruelle,
Barbares, malgré vous je vole à fon fecours,
Ou je vais mourir avec elle.

(*Elle force le pâffage.*)

SCÊNE

SCÉNE VII.

(Le théâtre repréfente le rivage de la mer, fur lequel on voit un autel, IPHIGÉNIE eft à genoux fur la marche de l'autel, derrière lequel eft le grand-Prêtre les bras étendus vers le ciel & le couteau facré à la main : les grecs en foule occupent les deux côtés du théâtre.)

CALCHAS, CHŒUR des GRECS.

POur prix du fang que nous allons répandre,
Puiffante déité, protege-nous toûjours ;
De nos exploits n'interromps plus le cours,
Au rivage Troyen permèts-nous de defcendre !

H

SCÈNE VIII.

ACHILLE, & les ACTEURS de la scêne précédente.

GRECS, se jettants avec effroi de la gauche à la droite
du théâtre.

Fuyons, fuyons tous :
D'Achille craignons le courroux.

(ACHILLE entre suivi des THESSALIENS en ordre,
qui occupent tout le côté gauche du théâtre : il va
à IPHIGÉNIE, l'enlève, & la tenant de la main
gauche, il menace de la droite armée CALCHAS
& les GRECS.)

CALCHAS & les GRECS.

C'est en vain qu'on veut la défendre :
Les dieux ordonnent son trépas.

ACHILLE.

Venez, si vous l'ôsez, l'arracher de mes bras.

IPHIGÉNIE.

Grands dieux! prenez votre victime.

CHŒUR des GRECS.

Ils ont ordonné son trépas,
Notre fureur est légitime,

SCÈNE DERNIÈRE.

CLITEMNESTRE, AGAMEMNON, *& les* ACTEURS *de la Scène précédente.*

CLITEMNESTRE.

OH ! ma fille ! ah ! seigneur !

ACHILLE.

Reine, ne craignez rien.

CALCHAS, GRECS.

C'est en vain qu'on veut la défendre ;
Tout son sang doit coûler :

ACHILLE.

Avant de le répandre ,
Il faudra verser tout le mien.

CHŒUR des GRECS.

Frappons , immolons la victime.

IPHIGÉNIE & CLITEMNESTRE , *embrassant
sa fille.*
Secourez-nous , grands dieux !
(*Le tonnerre se fait entendre & continue.*)
H ij

ACHILLE & les THESSALIENS.

Écrâsons ces audacieux.

CHŒUR des GRECS.

Notre fureur est légitime ,
Frappons , frappons.

(*La foudre tombe , & écrâse l'autel.*)

CALCHAS , *s'avançant.*

Arrêtez, arrêtez!
Le ciel s'explique, & m'inspire , & m'éclaire.
Achille, & vous grecs, écoutez.
Votre zèle des dieux a fléchi la colere ;
Les vertus de la fille & les pleurs de la mere
Ont trouvé grâce devant eux ;
Et du fils de Thétis la valeur immortelle ,
Force leur justice éternelle
De révoquer leurs ordres rigoureux.
Par des signes certains leurs faveurs se déclarent ;
Le bucher se consume & l'autel est détruit :
Les vents agitent l'air , la mer s'enfle & mugit ,
Et vos triomphes se préparent.
Adorés la clémence & les bontés des dieux.

LE CHŒUR.

Adorons la clémence & les bontés des dieux.

AGAMEMNON.

O ma fille !

IPHIGÉNIE.

O mon pere !

ACHILLE.

Iphigénie !

IPHIGÉNIE.

Achille !

CLITEMNESTRE.

O toi, qui m'es si chere !

CLITEMNESTRE & AGAMEMNON.

Les dieux te rendent à nos vœux,
Pour faire le bonheur d'Achille.

IPHIGÉNIE.

Ah ! qu'il est doux, mais qu'il est difficile
De pâsser, si subitement,
Du plus cruel tourment
A la félicité suprême !

ENSEMBLE.

Mon cœur ne sauroit soûtenir
L'excès de mon bonheur extrême :

Palpitant, il s'élance au-delà de moi-même,
Il est enivré de plaisir.
A peine je respire :
Quel aimable délire,
Vient s'emparer de tous mes sens !

ACHILLE & IPHIGÉNIE.

Les dieux ont eu pitié de nos gémissements.

ENSEMBLE.

Jusques aux voûtes étherées,
Portons nos vœux reconnoissants,
Et célébrons les noces désirées
De ces deux illustres amants.

Leur bonheur est le premier gage
De la juste faveur des dieux ;
Et leur himen est le présage
De nos triomphes glorieux.

Avec les CHŒURS.

Jusques aux voûtes éthérées,
Portons nos vœux reconnoissants, &c.

DIVERTISSEMENT.

CALCHAS.

Partés, volés à la victoire ;

LE *CHŒUR.*

Partons, volons à la victoire :
De nos faits éclatants étonnons l'avenir ;
Que nos travaux, que notre gloire,
Soient des siecles futurs l'éternel soûvenir.

Parés des palmes de Bellonne,
Qu'il est doux de jouir d'un tranquille repos !
Le plaisir seul paye & couronne
Du guerrier désarmé les pénibles travaux.

LE **CHŒUR** *reprend.*

Partons, volons à la victoire, &c.

FIN.

APPROBATION.

J'Ai lu , par ordre de Monseigneur le Chancelier, *IPHIGÉNIE EN AULIDE* , Tragédie-Opéra : & je crois qu'on peut en permettre l'impression.

A Paris, ce 19 Mars 1774.

MARIN.